AF628998

Benedict Wells

HARD LAND

Grußwort des Autors Benedict Wells

Hallo,

es klingt vielleicht komisch, aber als Jugendlicher hatte ich eigentlich keine Ahnung, was das ist: *Jugend*. Ich war viel zu sehr drin. Umso spannender war es für mich, als Autor mit Anfang dreißig noch mal zu dieser Zeit zurückzukehren und zu überlegen, wie es damals wirklich war.

Als Teenager habe ich mich zum Beispiel immer als Außenseiter gesehen. Ich dachte, ich bin damit in der Minderheit, doch heute glaube ich, dass die Außenseiter:innen in Wahrheit die Mehrheit sind. Man ist nur so mit sich selbst beschäftigt, dass man meist nicht hinter die Fassade der anderen blickt – und gar nicht merkt, dass die ebenfalls unsicher sind.

Und genauso dachte ich mit sechzehn, dass manches für immer so bleiben würde, allem voran ich selbst. Aber man kann gerade in schwierigen Phasen wachsen, und die Dinge können sich ändern. Später wurde mir klar: Man ist nicht der, als den die anderen einen sehen, aber auch nicht unbedingt die Person, als die man sich selbst sieht. Man wird und ist eher das, was man tut.

Im Roman wollte ich mich mit solchen und anderen Themen auseinandersetzen, aber ohne zu lügen. Ich wollte zeigen, wie hart das Leben sein kann, dass Freundschaften zerbrechen, Menschen sterben, Liebe unerwidert bleibt – doch ich wollte auch zeigen, dass man all dem etwas entgegenstellen kann. Dass man nie so allein ist, wie man glaubt. Und dass es Hoffnung gibt.

Mit diesem Gefühl habe ich *Hard Land* geschrieben, doch am Ende gehört ein Buch immer nur der Person, die es liest. Ich hoffe also sehr, die Geschichte wird Euch gefallen, aber noch mehr hoffe ich, dass Ihr kritisch seid. Denn nichts ist perfekt, schon gar keine Schullektüre. Ihr könnt den Roman also langweilig oder lustig finden, berührend oder bescheuert – spannend wäre nur: wieso.

Ich wünsche Euch viel Spaß im Sommer 1985 in einer Kleinstadt in Missouri.
Alles Liebe
Euer
Benedict Wells

Benedict Wells © Roger Eberhard

Höre dir beim Lesen des Romans die von Benedict Wells zusammengestellte Playlist auf YouTube/Spotify* an und tauche ganz in die Welt Sams ein:

kugverlag.de/sphardland

*Du benötigst dazu einen Account. Es können zusätzliche Kosten anfallen.

Schülerarbeitsheft

Dr. Gesine Heddrich

Krapp & Gutknecht

Inhaltsverzeichnis

Hinweis: *Du findest das Lesezeichen auch im Onlinebereich zum Ausdrucken und Ausschneiden. Wenn du die Möglichkeit hast, es nach dem Ausschneiden zu laminieren, hast du länger Freude daran.*

VORWORT

Liebe Schülerin, lieber Schüler,

mit dem Roman *Hard Land* greift der deutsch-schweizerische Autor Benedict Wells gleich mehrere Themen auf, die vielen von euch vertraut sein dürften: Die Unzufriedenheit mit dem eigenen Körper, Mobbing und Außenseitertum sind ebenso Themen wie der Verlust nahestehender Menschen. Auch die Frage, wie man Freunde findet und eine errungene Freundschaft erhält, steht im Vordergrund.
Die eigene Position im Leben zu finden, ist die Herausforderung, der sich Heranwachsende in der Zeit ihres *Coming-of-Ages*, ihres Erwachsenwerdens, stellen müssen. So wird die früher als Bildungs- beziehungsweise Entwicklungsroman kategorisierte Literaturgattung heute bezeichnet. Im Mittelpunkt steht der 15-jährige Samuel Turner, genannt Sam, der innerhalb eines Jahres entscheidende Erfahrungen macht, die sein Leben für immer verändern und prägen.

In diesem Schülerarbeitsheft findet ihr neben der Inhaltssicherung – damit ihr euch so richtig gut mit der Handlung auskennt – unterschiedliche Aufgaben zum Gestaltenden Schreiben, Charakterisieren der Figuren und zu übergreifenden Themenschwerpunkten.

In diesem Sinne wünsche ich euch eine gewinnbringende Lektüre, die hoffentlich auch euch in eurer Entwicklung fördert und positive Impulse gibt.

Gesine Heddrich

SYMBOLERKLÄRUNGEN

Leseauftrag

Schreibaufgabe

Partnerarbeit

Gruppenarbeit

Recherche

Hörtext/Musik

Schreibordner
Lege dir einen Ordner an, in dem du deine Lösungen zu den Schreibaufgaben und anderen Aufgaben mit diesem Symbol ablegen kannst.

Onlinebereich
Im Onlinebereich findest du ergänzende Materialien und digitale Quiz.

Die Zugangsdaten befinden sich auf dem Umschlag hinten.

I. ANNÄHERUNG AN DIE LEKTÜRE

Der Titel, das Titelbild (Cover) und der Klappentext eines Buches geben bereits erste Hinweise auf den Inhalt und natürlich sollen sie die Lesenden neugierig machen und Interesse für die Lektüre wecken.

Benedict Wells
Hard Land
ISBN 978-3-257-24674-2
Diogenes Verlag

➲ Aufgabe 1 – Titel, Titelbild und Klappentext

a) Was fällt dir ein, wenn du den Titel *Hard Land* hörst?
Worum könnte es in diesem Roman gehen?
Halte deine Gedanken in dem Feld fest.

HARD LAND

b) Betrachte das Cover des Romans.
Wie wirken Dargestelltes und Farbgebung auf dich? Welche Gefühle vermittelt das Bild?

c) Lies nun den Klappentext. Nenne das Thema des Romans in wenigen Worten. Welche Probleme sind mit dem Thema eng verbunden? Notiere Stichpunkte.

Thema: ______________________________

____

Probleme: ______________________________

____

____

____

➲ Aufgabe 2 – Erwachsenwerden

Jugendliche müssen während ihrer Pubertät häufig mit einem Gefühlschaos klarkommen: Das Zitat von Goethe – „himmelhochjauchzend, zu Tode betrübt“[1] – beschreibt dieses Phänomen wohl ganz gut. Die Anlässe zu Glücksgefühl oder Trübsinn sind vielfältig.
Welche Freuden oder auch Probleme kennt ihr aus eurer eigenen Erfahrung?
Haltet Stichpunkte fest und tauscht euch in Gruppen aus.

1 Zitat aus Johann Wolfgang von Goethe: *Egmont*, 3. Aufzug

➲ Aufgabe 3 – Leseprotokoll

a) Lies dir die nachfolgenden Informationen zum Leseprotokoll aufmerksam durch.

LESEPROTOKOLL

Das **Leseprotokoll** ist eine Methode, mit der du wichtige Informationen eines Textes oder einer Textpassage strukturiert aufarbeiten und deine Gedanken zu dem Gelesenen festhalten kannst.

Das Leseprotokoll ist eine Form des zusammenfassenden Schreibens, denn du musst unter anderem die Inhalte kurz und knapp in deinen eigenen Worten wiedergeben. Wichtig ist, dass diese in der zeitlich richtigen Reihenfolge (chronologisch) der Handlungsschritte festgehalten werden. Versuche nicht, alle Details festzuhalten – dafür ist der Roman zu umfangreich.

Inhalt	Form und Sprache
• Kapitel und Seitenzahlen festhalten • Figuren/Orte nennen • wichtige Handlungsschritte • zeitlich richtige Reihenfolge • W-Fragen zur Orientierung	• Er-/Sie-Perspektive • Tempus: Präsens (bei Vorzeitigkeit Perfekt) • sachlich, objektiv • keine Spannung aufbauen • keine wörtliche Rede

b) Fertige begleitend zur Lektüre zu jedem Kapitel ein Leseprotokoll nach folgendem Muster an. Als Beispiel sind dir die Einträge für das erste Kapitel bereits vorgegeben.

Kapitel und Seitenzahlen	handelnde Figuren	Inhaltszusammenfassung und Handlungsschritte	Welche offenen Fragen hast du zu diesem Kapitel?
Kapitel 1 **S. 11–19**	**Sam Turner**	**Sam soll in den großen Ferien zu seinen Cousins …**	**Wie erlebt er den Tod der Mutter? In wen verliebt er sich?**

Hinweis: Wenn du möchtest, kannst du dir eine Vorlage für das Leseprotokoll aus dem Onlinebereich herunterladen, ausdrucken und zum Ausfüllen nutzen.

II. INHALT UND ERSTE DEUTUNGEN

Im Folgenden beschäftigst du dich intensiv mit dem Roman Hard Land *von Benedict Wells. Um fit für Deutung, Analyse und Gestaltendes Schreiben zu sein, ist es wichtig, den Inhalt für das Textverständnis zu sichern. Da der Roman recht umfangreich ist, liest du die Buchabschnitte schrittweise. Ob du kapitelweise liest oder auch mal mehrere Kapitel zur Vorbereitung der Aufgaben, sollte deine Lehrkraft festlegen.*
Einige Schreibaufgaben zur Vorbereitung auf die Prüfung sind ebenso enthalten wie erste Deutungen bzw. Interpretationen kurzer Textauszüge.

Die Wellen (Nummer 1–10)

➲ Aufgabe 1 (Nummer 1)

a) Lies den ersten Satz des Romans und beschreibe, was du dabei fühlst.
„In diesem Sommer verliebte ich mich, und meine Mutter starb.“ (S. 11, Z. 1 f.)

b) Welche Fragen fallen dir zu diesem ersten Satz ein?
Stelle sie.

c) Ihr habt sicherlich schon einmal Erfahrungen mit dem Verlust eines Menschen oder eines Haustieres gemacht oder auch bei Verwandten, Freunden oder Bekannten eine solche Erfahrung wahrgenommen. Was verbindet ihr mit dem Thema Tod? Haltet Stichpunkte fest und tauscht euch anschließend aus.

Aufgabe 2 (Nummer 1/2)

a) Wie beschreibt Sam sich in seiner Selbstwahrnehmung zu Beginn der Romanhandlung? Antworte in ganzen Sätzen.

b) Wie möchte Sam sein? Was möchte er an sich verändern? Antworte in ganzen Sätzen.

Aufgabe 3 (Nummer 1–4)

a) Trifft zu oder trifft nicht zu? Kreuze an.

Aussage	richtig	falsch
1 Sam freut sich, in den Ferien zu seinen Cousins zu fahren.	☐	☐
2 Er hat ein gutes Verhältnis zu seinen Eltern.	☐	☐
3 Kirstie ist süchtig nach Büchern.	☐	☐
4 Sam interessiert sich für Filme.	☐	☐
5 Er freundet sich schnell mit den anderen Jugendlichen im Kino an.	☐	☐
6 Sam möchte auch etwas dazuverdienen, da der Vater arbeitslos ist, die Mutter krank.	☐	☐

➲ Aufgabe 4 (Nummer 1–49)

Auf ► **Seite 38** in diesem Heft findest du ein Muster für die Figurensteckbriefe. Diese solltest du immer wieder ergänzen, wenn du Neues über die Figur erfährst oder eine Charaktereigenschaft von ihrem Verhalten ableiten kannst.

Also, immer im Hinterkopf behalten, dass Informationen zu den Figuren festgehalten werden!

➲ Aufgabe 5 (Nummer 5)

a) Was geht dem ersten vertrauensvollen Gespräch von Sam und Kirstie auf dem Friedhof voraus? (S. 41). Streiche die jeweils falschen Aussagen.

Sam ist völlig frustriert / total glücklich aus dem Kino gelaufen, weil seine neuen Freunde ihn aufgenommen / sich über ihn lustig gemacht haben. Als er an seine Mutter denkt, der es gerade gut / schlecht geht, fängt er an, vor Freude / vor Schmerz zu schreien. Dieser Urschrei tut ihm gut!
Und der Frust / die Freude, den / die er – dem Zustand der Mutter gegenüber – empfindet, führt zu dieser Kurzschlussreaktion: der Flucht aus dem Kino. In einer Art Zwangshandlung lässt er den Urschrei noch mehrmals erklingen / rennt er um sein Leben. Hält er die Zeit, die er sich auferlegt hat, wird die Mutter stabil bleiben / gesund. Er gewinnt die Wette gegen sich selbst. Aber die Ohnmacht angesichts der bedrohlichen Krankheit der Mutter bleibt bestehen.

b) Wie verläuft das Gespräch? Wer ist aktiv und eröffnet das Gespräch? Wer agiert und wer reagiert?

c) Nenne abschließend jeweils drei Adjektive, die auf die sprechenden Personen zutreffen.

d) Was macht Kirstie, als Sam plötzlich zu weinen beginnt?
Antworte in einem zusammenhängenden Satz.

____

____

____

e) Notiere in Stichworten, welche Ängste Samuel beherrschen und in welchen Situationen er Angst oder psychische Probleme verspürt. (Nummer 1–10)
Ergänze die Notizen während des Lesens, wenn du weitere Informationen findest.

➲ Aufgabe 6 (Nummer 5/6)

a) Trifft zu oder trifft nicht zu? Kreuze an, was zutrifft.

Sam und seinen Vater verbindet …

☐ ***Sprachlosigkeit***	☐ ***Respekt***	☐ ***Stille***	☐ ***Freundschaft***	☐ ***Aggression***
☐ ***Zusammenhalt***	☐ ***Ohnmacht***	☐ ***Liebe***	☐ ***Anerkennung***	☐ ***Enttäuschung***

b) Das Werk *Hard Land* handelt von einem Jungen, der den See überquerte und als Mann wiederkam – was könnte geschehen sein, inwiefern hat sich der Junge verändert? (S. 45 f.) Antworte in ganzen Sätzen.

c) In welchem Moment wird Sam von Cameron, Hightower und Kirstie in ihren Freundschaftsbund aufgenommen? Markiere die Stufe, auf der die korrekte Antwort steht.

Er wird akzeptiert und aufgenommen ab dem Zeitpunkt, als er …

- ☐ ***mit den anderen mithält und sich betrinkt.***
- ☐ ***alle zum Eisessen einlädt.***
- ☐ ***Mitleid erregt wegen seines stillen Vaters und seiner kranken Mutter.***

d) Trifft zu oder trifft nicht zu? Kreuze an.

Aussage	richtig	falsch
1 Kirstie ist in Sam verliebt, weswegen sie ihm immer wieder näherkommt.	☐	☐
2 Sam kann sich mit Cameron gut unterhalten.	☐	☐
3 Sam hat Hemmungen gegenüber Kirstie, da sie ihn mehrfach angeflirtet hat.	☐	☐
4 Hightower leidet unter dem Rassismus, den er in der Kleinstadt erlebt.	☐	☐

Liest du gründlich genug? Im Onlinebereich findest du ein digitales Quiz zum Inhalt des Romans. Probiere es aus und teste dein Wissen!

➲ Aufgabe 7: Gestaltendes Schreiben – Ein innerer Monolog von Sam (Nummer 9)

a) Lies die Informationen zum Gestaltenden Schreiben allgemein und zum inneren Monolog (► S. 14).

GESTALTENDES SCHREIBEN

Wenn du dir das Schaubild anschaust, hast du bereits den Schlüssel zum **Gestaltenden Schreiben** in der Hand. Um eine vorgeschriebene Textgattung angemessen umzusetzen, ist eine Vorarbeit sinnvoll. Hier sind sowohl die innere als auch die äußere Handlung von Bedeutung. Versetze dich in die Figur und versuche, in dem vorgegebenen Kontext nachzuempfinden, was sie denken und fühlen könnte, wie sie sich, ausgehend von ihren Charaktereigenschaften, verhalten würde. Dann wird es dir nicht schwerfallen, einen überzeugenden und der Figur entsprechenden Text zu formulieren.

Merkmale von Brief/Tagebucheintrag/Rede/Dialog/innerer Monolog

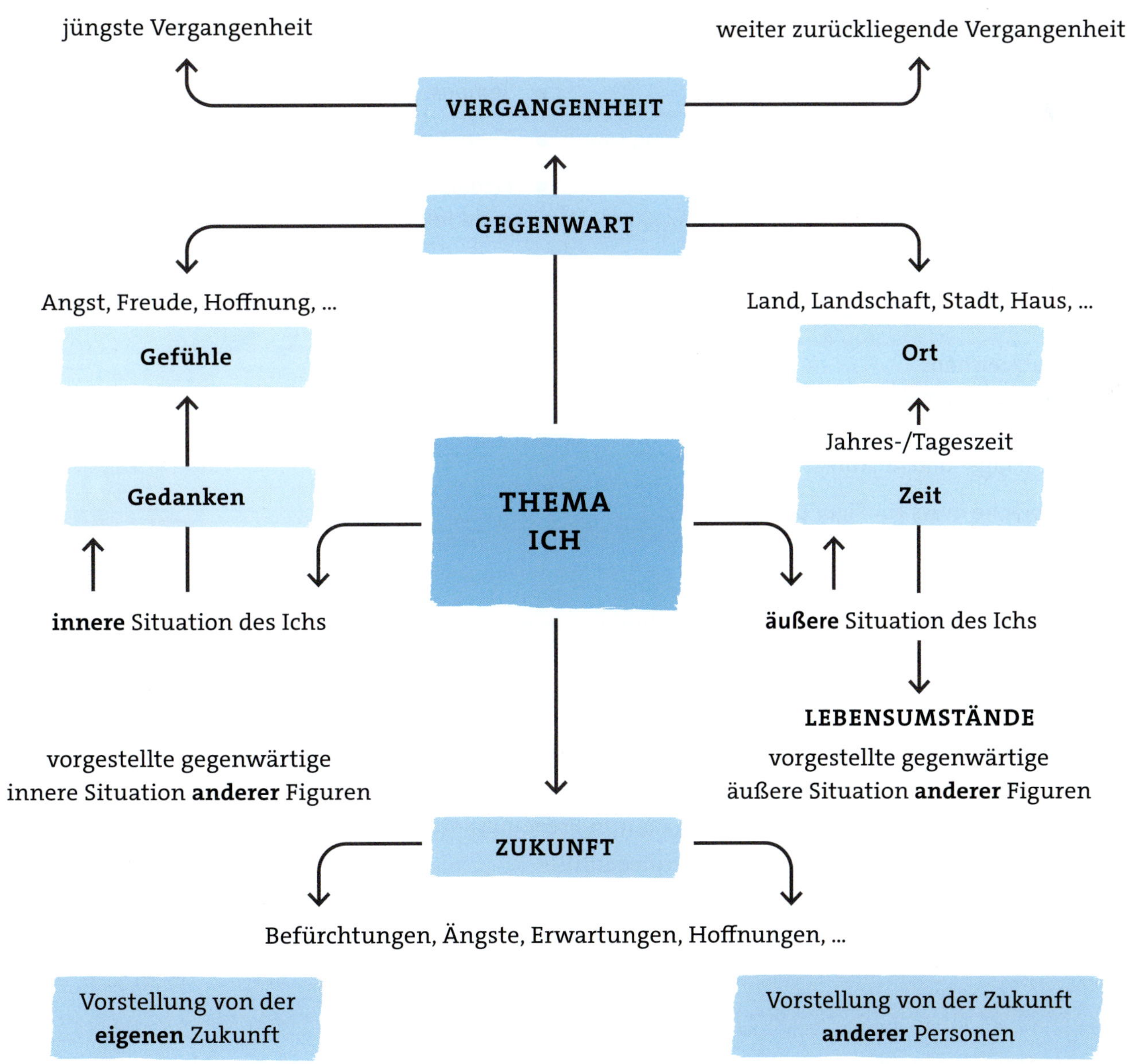

INNERER MONOLOG

Der **innere Monolog** ist wohl die persönlichste Äußerungsform, mit der zum Ausdruck gebracht wird, was im Inneren einer Figur vorgeht: ihre Gefühle und Gedanken. Er ist eine Art stummes (inneres) Selbstgespräch, das eine Figur häufig in Konfliktsituationen führt, um Probleme zu überdenken oder wichtige Entscheidungen abzuwägen.

Innerer Monolog (besondere Form des Selbstgesprächs)

Form und Sprache	Inhalt

• personale Ich-Perspektive
• Monolog
• Gegenwart – Vergangenheit – Zukunft
  • Präsens für die aktuelle Situation
  • Präteritum/Perfekt für Vergangenes
  • Präsens/Futur für Zukünftiges
• Syntax und Grammatik müssen nicht immer den Regeln entsprechen
• kurze oder unvollständige Sätze (Ellipsen)
• Fragen
• Ausrufewörter (Interjektionen)
• Satzzeichen:
... (Auslassung)
– (Gedankenstrich)
?! (Frage- und Ausrufezeichen)
• Sprache muss zur Figur passen
	• innere Handlung = Gefühle und Gedanken
	• Thema und Kontext müssen deutlich werden.
	• Wesenszüge der Figur berücksichtigen
	• Gedanken, wie sie der Figur einfallen
	• Tempus: Präsens, bei Vorzeitigkeit Perfekt)
	• Themawechsel mitten im Satz möglich
	• Gedankensprünge möglich – nicht immer logisch

b) Als die Eltern Sam zum Festival am See bringen, lernen sie seine neuen Freunde kennen und können ihre Freude über das nicht mehr einsame Leben ihres Sohnes kaum verbergen.

> „»Ich freue mich so, dass Sam Freunde gefunden hat. Das bedeutet uns viel.« Es war, als hätte sie es in Zeitlupe und mit tiefer, verlangsamter Stimme gesagt: »Ichhhh freeeeuueee miiiiiccchhh soooo, daaassss Saaaaamm Freeeuuundddeeee geeeffuuunnddeen haaatttt, daaasss beeedeuttett uuunnnss viiiieeelll!!!!«
> Ein Wunder, dass die Band nicht aufhörte zu spielen und alle Zuschauer hersahen. Und dann ging meine Mutter nicht mal, sondern schaute einige ewige Augenblicke in die Runde.“
> (S. 67, Z. 1–11)

Verfasse den inneren Monolog von Sam, als seine Eltern gegangen sind und er sich kurz hinsetzt, um die Situation zu verdauen.

➲ Aufgabe 8 (Nummer 10)

DIE FÜNF WELLEN

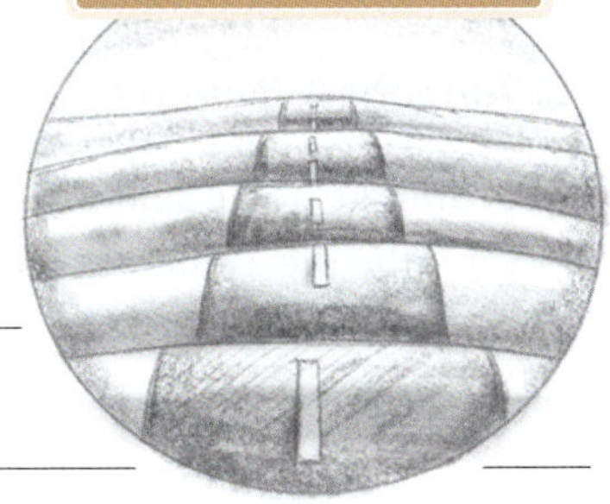

a) Erläutere, warum dieser Buchabschnitt *Die Wellen* heißt.
Worauf beziehen sich die Wellen und was symbolisieren sie?
Antworte in ganzen Sätzen.

b) Ergänze die Lücken, indem du die Atmosphäre rund um den ersten Kuss von Sam erfasst.
Arbeite mit dem Romantext. (S. 78 ff.)

Sam wünscht sich Nähe und .... von Kirstie, aber es ist nicht sie, die ihm den ersten Kuss gibt. In einem unerwarteten .... passiert das, was er sich schon lange von Kirstie ....:

Sarah, die .... von ...., ... Sam, nachdem sie vom .... des Kinos heruntergestiegen sind. Nach einiger .... muss Sam sich eingestehen, dass diese Annäherung ihm .... Er macht sich .... darüber, wie er küssen kann, ist aber zu .... für die .... auf dem Bruce-Mobil. Beschwingt und .... geht er leichtfüßig nach Hause, mit großen .... an den vor ihm liegenden ....

Als er am frühen Morgen erwacht, spürt er erneut, dass .... passieren wird. Mit .... wacht er aus einem Alptraum auf und kann sich lange nicht ....

Der Ball in der Luft (Nummer 11–20)

Aufgabe 1 (Nummer 11)

a) Ordne die Sätze und bringe sie in die richtige Reihenfolge.
Schreibe die Zahlen 1–5 in die dafür vorgesehenen Kästchen.

- ☐ ***Kirstie fährt mit Sam ans Ufer des Lake Virgin, sie sprechen über ihre Familien.***
- ☐ ***Später gehen sie in die alte Fabrikhalle, die Missouri Textil, und sprechen über Literatur, Sex und das Leben schlechthin.***
- ☐ ***Die Mutter schickt Sam dennoch zur Arbeit.***
- ☐ ***Sam geht zum Kino mit dem Gefühl, seine Mutter könnte in seiner Abwesenheit sterben.***
- ☐ ***Samuel möchte bei seiner Mutter bleiben, da sie sich schlecht fühlt.***

Aufgabe 2 (Nummer 11)

Kirstie denkt sich ein Wort aus, das gleichsam zwei Gefühle, die in der Pubertät sehr häufig auftreten, widerspiegelt: *Euphancholie*, zusammengesetzt aus *Euphorie* und *Melancholie*. (S. 98, Z. 25 f./S. 99, Z. 7) Falls du nicht weißt, was die Begriffe bedeuten, suche eine Definition über eine Suchmaschine im Internet.

a) Stelle das Wort *Euphancholie* grafisch dar, indem du es typografisch[1] und farblich passend gestaltest.

b) Ergänze die Buchstaben des Akrostichons[2] mit Gefühlen/Problemen, die Jugendliche in der Lebensphase ihrer Selbstfindung haben. Wenn du nicht für alle Buchstaben einen Begriff findest, darfst du gerne im Internet danach suchen.

E ______________________

U ______________________

P ______________________

H ______________________

A ______________________

N ______________________

C ______________________

H ______________________

O ______________________

L ______________________

I ______________________

E ______________________

1 *Typografie* (aus dem Griechischen) bedeutet Druckkunst. Es geht um die Gestaltung der Schrift bzw. der einzelnen Buchstaben auf kunstvolle Weise.

2 *Akrostichon* ist ein antikes Schreibspiel, bei dem an die Buchstaben Wörter oder Sätze angefügt werden, die thematisch zu dem Wort passen.

➲ Aufgabe 3: Gestaltendes Schreiben – Rap/Tagebucheintrag (Nummer 11)

a) Lies die Informationen zum Rap und zum Tagebucheintrag.

RAP

Unter einem **Rap** versteht man rhythmisches Singen und Sprechen gereimter Texte. Beat und Melodie transportieren den Inhalt, eine meist emotionale Botschaft.
Der Text eines Raps besteht aus zwei oder drei Parts (Strophen) mit jeweils 16 Bars (Zeilen) und – wie bei jedem Song – einem Hook (Refrain), der aus acht Zeilen besteht.
Für Abwechslung kannst du eine Bridge oder einen Pre-Chorus gestalten, das heißt, Überleitungen zwischen den einzelnen Strophen schaffen.
Du kannst dir Videos anschauen, die das Rap-Schreiben anschaulich erklären, z. B.

https://www.youtube.com/watch?v=mT6U4DIel1Q

https://www.youtube.com/watch?v=40lHgpEf0YA

Eine Hilfestellung zum Reimen findest du im Onlinebereich.

Tagebucheintrag

Form und Sprache	Inhalt

• personale Ich-Perspektive
• Ort/Datum
• mit oder ohne Anrede *(Liebes Tagebuch)*, kein konkreter Adressat vorhanden
• Gegenwart – Vergangenheit – Zukunft
  • Präsens für die aktuelle Situation
  • Präteritum/Perfekt für Vergangenes
  • Präsens/Futur für Zukünftiges
• Logik und Reihenfolge der Ereignisse beachten
• Grammatik und Satzbau berücksichtigen
• Satzzeichen nutzen (..., –, ?, !)
• schildernde Elemente
• Fragen/rhetorische Fragen
• Sprache muss zur Figur passen.
	• innere Handlung
	• Gefühle und Gedanken
	• Wesenszüge der Figur berücksichtigen
	• Gedanken, wie sie der Figur einfallen
	• Tempus: Präsens (bei Vorzeitigkeit Perfekt)
	• Themawechsel mitten im Satz möglich
	• Gedankensprünge möglich – nicht immer logisch

b) Entscheide dich für **eine** der beiden Aufgaben.

1. Kirsties Neologismus *Euphancholie* eignet sich perfekt für einen Rap-Text. Schreibe einen Rap-Text zu dem Wort *Euphancholie* sowie dessen Bedeutung – Lebensgefühl – und finde einen Beat dazu. Die Bars sollten sich reimen, über die Länge der Parts entscheidest du. Ihr könnt den Rap auch in Partner- oder Gruppenarbeit gestalten – da kommen euch bestimmt mehr Ideen!

2. Alternativ darfst du auch einen Tagebucheintrag von Sam formulieren. Nachdem Sam die alte Fabrikhalle verlassen hat, macht er sich Gedanken über Kirsties Wortschöpfung und setzt sich mit seinen eigenen Gefühlen auseinander, indem er einen Tagebucheintrag schreibt.

> „Noch nie hatte ich einen Menschen getroffen wie sie. […] Sie wirkte oft albern und laut, erfand Spiele und gab vor den anderen an, wie toll ihr Freund im Bett sei. Doch unter dieser ersten Schicht wirkte sie verletzlich und manchmal sogar unsicher. Sie konnte mir so ähnlich sein, und sie war das Gegenteil von mir, und wenn meine Stimmung eine leere Fabrikhalle war, dann war sie ein Haufen Kerzen.“ (S. 100, Z. 1–9)

Aufgabe 4 (Nummer 12–14)

Welche Berufe könnten Kirstie, Sam, Cameron und Hightower einmal ausüben wollen? Kreuze die richtigen Antworten an.

Sam	☐ Ausbildung zum Krankenpfleger	☐ Studium der Mathematik	☐ Psychologe
Kirstie	☐ Musikerin	☐ Studium der Literaturwissenschaft	☐ Bibliothekarin
Cameron	☐ Studium der Wirtschaftswissenschaften	☐ Eventmanager	☐ Sohn reicher Eltern
Hightower	☐ Rinderzüchter	☐ Kinobesitzer	☐ Sporttrainer

Aufgabe 5 (Nummer 15)

a) Lies das Gespräch zwischen Vater und Sohn (S. 120, Z. 6 – S. 121, Z. 2).
Achte dabei auf:
- Dialogführung (Wer hat größere Redeanteile? Wie wird gesprochen?)
- Gestik/Mimik

b) Führe den Verlauf des Gesprächs weiter, indem du die Linien nach unten ziehst und beschriftest, so wie es für den ersten Teil des Gesprächs vorgegeben ist.
Was macht der Vater im Anschluss? Nähert er sich Sam?
Nähert sich Sam dem Vater? Was macht er?
Achte darauf, wie sie miteinander sprechen und welche Gestik und Mimik damit verbunden sind.

„Dads Worte schnitten in unser Schweigen."
(S. 120, Z. 6 f.)

VATER: Annäherung

erzählt von seiner Jugend, teilt seine Gedanken über die schwierige Situation mit Sam: mit Freunden zusammen sein trotz kranker Mutter zu Hause – zeigt Verständnis für Sams Handeln

SAM: Distanzierung

ist erstaunt über die Offenheit des Vaters

schaut an ihm vorbei

erwartet Kirstie und somit eine mögliche Flucht aus dem Gespräch

➲ Aufgabe 6: Gestaltendes Schreiben – Dialog Sam und Annie (Nummer 18)

a) Lies die Infotabelle zum Schreiben eines Dialogs.

Dialog

Form und Sprache	Inhalt
• dramatische Textgestaltung: direkte Rede mit Regieanweisungen • Aufbau: Anlass – Diskussion – Lösung • Gesprächsanlass berücksichtigen • Sprache muss zur Figur passen.	• Bezug zur Handlung (Ereignisse nennen) • Gedankenaustausch • Aufgreifen und Erweitern von Aussagen: Reaktionen, Rückgriffe, Einwürfe, Lösungsvorschläge, ...) • Ziel berücksichtigen (überzeugen, appellieren, ...) • Wesenszüge und Beziehung der Figuren berücksichtigen

b) Arbeitet allein oder zu zweit.
Als Sam von der Mall nach Hause kommt, findet er seine Mutter weinend im Schlafzimmer. Hilflos sieht er zu, wie die Mutter eine Kiste ihrer ‚kleinen Dinge', die sie jahrelang gesammelt hat, aussortiert. Als sie ihren Sohn sieht, bemüht sie sich, sich zusammenzureißen.

> **A:** »Es ist alles so sinnlos.«
>
> **S:** »Was meinst du?«
>
> **A:** »Die Kisten mit den Tieren. Wieso soll ich sie noch sammeln? Ihr werdet sie eh wegwerfen, falls ich mal nicht mehr da bin.«
>
> **S:** ...
>
> (S. 145, Z. 11–15)

Schreibe/Schreibt den Anfang des Dialogs zwischen Sam und seiner Mutter, Annie Turner, weiter. Wie könnte das Gespräch verlaufen? Berücksichtige/Berücksichtigt dabei das vertrauensvolle und sehr liebevolle Verhältnis der beiden zueinander.

c) Wenn ihr eure Dialoge vorgelesen und darüber gesprochen habt, steht die Analyse des Gesprächs (S. 145–147) an. Beschreibe das Gespräch in Stichworten, indem du Adjektive suchst, die zu dem Gesagten bzw. der Gestik/Mimik passen.
Zum Beispiel ist die Mutter bei der Gesprächseröffnung niedergeschlagen und hoffnungslos; sie resigniert geradezu.

Wie verhält sich die Mutter weiterhin durch Worte/Gestik/Mimik?

WORTE

GESTIK/MIMIK

Wie verhält sich Sam gegenüber seiner Mutter?
Auch hier sind Worte, Gestik und Mimik zu beachten.

WORTE

GESTIK/MIMIK

➲ Aufgabe 7 (Nummer 16/19)

a) Lies Nummer 16 und Nummer 19 noch einmal und beschreibe die Beziehung zwischen Kirstie und Sam in einem zusammenhängenden Text.

b) Kirstie hat viele Gesichter. Ihr Wesen besteht aus zwei unterschiedlichen Charakterzügen, die aber beide sehr authentisch und glaubwürdig wirken. Manchmal ist sie laut und stark, manchmal wirkt sie leise und zerbrechlich.
Wenn du alle Kapitel überdenkst, wie würdest du Kirstie beschreiben?
Finde weitere Adjektive, die Kirsties beide Seiten beschreiben.

KIRSTIE LAUT UND STARK

KIRSTIE LEISE UND ZERBRECHLICH

➲ Aufgabe 8 (Nummer 20)

Die Mutter von Sam klärt ihn endlich darüber auf, warum sein Vater sich ihm gegenüber so verhält, wie er es tut. Durch dieses offene Gespräch kann Sam das Verhalten seines Vaters besser verstehen und somit auch seinen Leidensdruck verringern.

a) Verbinde die Sätze so, dass sie einen Sinn ergeben – und du hast eine Beschreibung des Vaters, Joseph Turner.

Joseph Turner war als junger Mann	ein gutes Herz – auch wenn er es nicht immer zeigen kann.
Über seine Befindlichkeit und seine Gefühle	sprach er nie während seines Studiums.
Trotz seiner schwierigen Kindheit hat er	schüchtern und zurückhaltend.
Er ist schweigsam,	kommt sein sensibles Wesen zum Vorschein.
Wenn seine Verschlossenheit aufgebrochen wird,	kann sehr gut zuhören und verstehen.

b) Sam wünscht sich seinen Vater anders, als dieser sich gibt. Was erwartet er allgemein von einem Vater und speziell von *seinem* Vater? Antworte in ganzen Sätzen.

c) Versucht die Mutter, das Verhalten ihres Mannes Sam gegenüber irgendwie auszugleichen bzw. zu kompensieren? Wenn ja, wie macht sie das? Antworte in ganzen Sätzen.

➲ Aufgabe 9: Gestaltendes Schreiben – Brief von Sam an Kirstie (Nummer 20)

a) Lies die Infotabelle zur Gestaltung eines persönlichen Briefes.

Brief

Form und Sprache	Inhalt

• Ich-Perspektive
• Ort/Datum
• Anrede (Adressat)
• Gegenwart – Vergangenheit – Zukunft
  • Präsens für die aktuelle Situation
  • Präteritum/Perfekt für Vergangenes
  • Präsens/Futur für Zukünftiges
• Logik und Reihenfolge der Ereignisse beachten
• Grammatik und Satzbau berücksichtigen
• Satzzeichen nutzen
• schildernde Elemente
• Adressat einbeziehen, direkt ansprechen oder befragen
• Sprache muss zur Figur passen.
	• Ereignisse thematisieren, vermitteln, reflektieren
	• Ereignis und Zusammenhang berücksichtigen
	• Wesenszüge der Figur berücksichtigen
	• ‚roter Faden'

b)

„»Mom, ich will nicht …« Meine Stimme zitterte. »Ich will nicht mit ihm *allein* sein, falls … falls du mal nicht mehr da bist.« Ich starrte auf den Reiseband. »Er ist anders bei mir … Er mag mich nicht«, sagte ich noch und spürte, wie es in meiner Brust plötzlich leichter wurde." (S. 158, Z. 26 – S. 159, Z. 1)

Sam ist sehr erleichtert, dass er seiner Mutter seine Angst gestanden hat, mit dem Vater irgendwann alleine leben zu müssen. Und weil er von seinem Freund Stevie und dessen letztem Brief total enttäuscht ist, schreibt er einen Brief an Kirstie, mit der er schon über seine Familie gesprochen hat.

Verfasse den Brief, den Sam nach dem Gespräch mit seiner Mutter an Kirstie schreibt. Versetze dich in Sam und überlege, was er in diesem Moment denkt und fühlt.

Die Prüfung (Nummer 21–28)

Aufgabe 1 (Nummer 21–26)

Kirstie hat sich als Geburtstagsgeschenk für Sam einige Prüfungen ausgedacht – so, wie im Märchen Helden Prüfungen bestehen müssen, um dann belohnt zu werden. Dies tut sie nicht ohne Hintergedanken. Er muss versprechen, alle Prüfungen zu machen, sonst spricht sie kein Wort mehr mit ihm.

a) Kirstie verlangt von Sam an seinem Geburtstag drei Dinge. Was muss er tun und wie fühlt er sich dabei? Halte Stichpunkte fest. Schreibe als Überschrift das Zitat zu der jeweiligen Prüfung heraus.

1. PRÜFUNG:

2. PRÜFUNG:

3. PRÜFUNG:

b) Welches Fazit zieht Sam am Ende der Nacht?
Antworte in ganzen Sätzen unter Einbezug eines Textbelegs.

c) Warum erzwingt Kirstie die ‚Mutproben' von Sam? Welche Hintergedanken treiben sie an – was möchte sie bei Sam bewirken? Schreibe Kirsties Gedanken in die Sprechblasen.

➲ Aufgabe 2 (Nummer 27/28)

Als Sam nach den erfolgreich bestandenen Prüfungen und einer durchfeierten Nacht glücklich und erfüllt nach Hause geht, entdeckt er vor dem Elternhaus einen Krankenwagen – im Schockzustand rennt er los.

a) Kreuze an, was auf Sam zutrifft, als er die Situation wahrnimmt und später ihre Tragik realisiert.

Seine Reaktion	
Verlust des Zeitgefühls	☐
schreit in seiner Not	☐
Verstand ganz klar	☐
Schüttelfrost	☐
Knie geben nach	☐
spricht die Mutter an	☐
rennt weg und übergibt sich	☐

b) Warum geht es ihm so extrem schlecht, was belastet ihn seelisch?
Antworte in einem zusammenhängenden Text.

Der Streich (Nummer 29–38)

➲ Aufgabe 1 (Nummer 29–31)

a) Wie verhält sich Sam am Tag der Ankunft seiner Schwester Jean?
Ordne sein Verhalten stichwortartig in die drei folgenden Sparten ein. Wann und wie ist er in sich gekehrt, auf was reagiert er provokativ und in welcher Situation wird er schließlich aggressiv?

IN SICH GEKEHRT HOFFNUNGSLOS	PROVOKANT OFFENSIV	AGGRESSIV VERBAL UND HANDGREIFLICH

b) Wie verhält sich Sam weiterhin in den Tagen nach dem Tod der Mutter? Antworte in ganze Sätzen.

c) Ergänze das Akrostichon, indem du jeden Buchstaben mit einem Gefühl oder Beweggrund ergänzt. Nutze jeweils ein Nomen mit Verb.

Treffen vermeiden

R

A

U

E

R

➲ Aufgabe 2 (Nummer 33–36)

Die Beerdigung ist wichtig für die beiden Kinder von Annie Turner. Deshalb verbünden sie sich und planen, etwas einzubringen, das der Mutter gefallen hätte.
Zuvor aber trifft Sam auf seinen Erzfeind, den berüchtigten Chuck Bannister, samt seinen Kumpels.

a) Bringe die Sätze (1–6) in die richtige Reihenfolge, um den korrekten Handlungsablauf darzustellen.

☐ ***Sam denkt an die Prüfungen zu seinem Geburtstag und fühlt sich stark. Er springt Chuck von hinten an und schlägt ihm mit seiner jahrelang angestauten Wut ins Gesicht.***

☐ ***Chuck spottet über Sam, macht sich über seinen Anzug lustig.***

☐ ***Sam tritt Chuck den Seitenspiegel seines Autos ab.***

☐ ***Chuck tritt und schlägt Sam mehrfach.***

☐ ***Sam rastet aus und bedroht ihn, fordert Chuck sogar auf, ihn umzubringen.***

☐ ***Chuck ist verdutzt, hält kurz inne und schlägt ihm dann auf den Kiefer, wobei er droht, ihn umzubringen.***

b) Sammle um den Sarg herum, was Sam während der Trauerfeier spürt, denkt, empfindet.

c) Nach der Beerdigung brechen die Turners das Schweigen und beginnen, miteinander zu sprechen. Über was sprechen sie?

d) „Und diese Gespräche waren schön, denn so nah waren wir uns früher nie gewesen.“ (S. 249, Z. 25 f.)

Denke an Gesprächsanlässe, die du schon einmal erlebt hast.
In welchen Situationen spricht man? Über was spricht man?

Was bedeuten Gespräche allgemein und warum sind sie für Menschen so wichtig?

➲ Aufgabe 3 (Nummer 38)

Beende den vorgegebenen Satzanfang.

Ein weiterer Abschied steht an:

Die Pointe (Nummer 39–49)

➲ Aufgabe 1 (Nummer 39)

a) Um welches Stilmitel handelt es sich in folgendem Zitat? Kreuze an.

„Trauer ist kein Sprint, Trauer ist ein Marathon.“ (S. 274, Z. 10 f.).

Vergleich ☐	Metapher ☐	Personifikation ☐

b) Führe den Satz ausgehend von dem Zitat zu Ende.

Mit dieser Stilfigur möchte Sam ausdrücken, ____________________

____

____

____

____

➲ Aufgabe 2 (Nummer 40)

Nach dem Tod der Mutter ziehen Sam und sein Vater in eine kleine Wohnung um. Mit der Ortsveränderung findet auch eine Veränderung in der Kommunikation statt.
Streiche die Sätze durch, die nicht zutreffen.

Der Vater wird immer stiller und zieht sich komplett zurück.

Der Vater gibt dem Sohn gegenüber zu, dass sie ihm den schlechten gesundheitlichen Zustand der Mutter verheimlicht haben.

Der Vater vermittelt Sam nach einer Weile Gesprächsbereitschaft.

Er erzählt positiv über seine Schulzeit und seine Jugend.

Sam sieht zum ersten Mal lustige und traurige Fotos seiner Eltern von Konzerten.

Sam kann nicht schlafen, geht in die Küche und betrinkt sich.

Der Vater spricht auch von den Misshandlungen und der schwierigen Kindheit.

Der Vater wird wütend über den Ausraster von Sam.

Sam erlebt seinen Vater offen: Dieser berichtet ihm, dass er ihn falsch behandelt habe und es bereue – aus Angst, er könne werden wie sein eigener Vater.

Dass die Mutter ihm nicht böse war, als er nicht im Restaurant erschienen ist, beruhigt Sam.

➲ Aufgabe 3 (Nummer 40–48)

a) Wie geht es weiter mit den Freunden und der Stadt Grady?
Halte Stichpunkte fest zu den Aspekten, die dir wichtig erscheinen.

Cameron

Grady

Hightower

Kirstie

Grady

Ozark Mountains
Gra
Morris Bridge
LARRY'S
m-Tex
Brautmode
Loose
Franklin Ave
Einkaufsmall
Schule
Friedhof
Krankenhaus
Sams Haus

Zeichnung von Mena Striffler

b) In Grady gibt es viele verschiedene Orte, die symbolischen Charakter haben und für etwas Bestimmtes stehen. Suche dir diese Orte aus der Karte von Grady (► S. 34–35) heraus und schreibe in Stichpunkten dazu, wofür diese Orte symbolisch stehen. Der Friedhof ist dir als Beispiel vorgegeben.

WICHTIGE ORTE IN GRADY UND IHRE BEDEUTUNG

Friedhof

- Ruhe, beruhigende Wirkung
- Ort des Nachdenkens und der leisen Gespräche (mit Kirstie)
- Ablenkung/Fantasie (Sams Biografien der Verstorbenen)
- Rückzugsort für Trauer (Sam) und Zufluchtsort (Kirstie)

➲ Aufgabe 4 (Nummer 49)

a) Kirstie klärt Sam über Hard Land auf und verrät ihm sogar, wer die einzige Eins für den Aufsatz über den Gedichtband bekommen hat. Wer hat sie bekommen und warum?

b) Inwiefern trifft die Pointe auch auf Sam bzw. Sam und Kirstie zu?
Was passiert am Ende der Handlung?

➲ Aufgabe 5: Gestaltendes Schreiben – Tagebucheintrag/innerer Monolog von Sam

„Und nun komme ich zum Schluss der Geschichte, und *endlich* kann ich erzählen, was mir passiert ist. Ich weiß nicht, ob mir das wie anfangs Cameron niemand glaubt, denn es ist wirklich zu verrückt. Doch es ist passiert!" (S. 327, Z. 1–4)

Verfasse einen Tagebucheintrag oder einen inneren Monolog von Sam, den er nach dem Ereignis in dem Boot auf dem See schreibt. Wie ist seine Stimmung am Ende der Handlung? Euphorie oder Melancholie oder Euphancholie?

III. FIGUREN UND IHRE BEZIEHUNGEN

Steckbriefe

Aufgabe

Fertige jeweils einen Steckbrief zu Samuel Turner, Annie Turner (Mutter), Joseph Turner (Vater), Kirstie, Cameron und Hightower nach diesem Muster an. Wenn du die Steckbriefe nachhaltig gestalten möchtest, kannst du noch Symbole oder kleine Zeichnungen, die etwas mit der vorgestellten Person zu tun haben, gestalten und hinzufügen. Vorlagen zum Ausdrucken findest du im Onlinebereich.

Im Onlinebereich findest du ein Quiz zu den Figuren.

STECKBRIEF VON:

Vollständiger Name

Alter

Spitzname

Familie/Wohnsituation

Aussehen

Charaktereigenschaften

Beruf/Hobbys/Aktivitäten

Figurenkonstellation

➲ Aufgabe 1

Fertige ein Figurennetz bzw. Schaubild zu Sam und seiner Familie an. Da sich die Beziehung zum Vater doch spürbar verändert, solltest du für diese Beziehung zwei Handlungsräume berücksichtigen: vor dem Tod der Mutter und nach dem Tod der Mutter.

FAMILIE TURNER

Mutter

Vater

Sam

Jean

Gerne darfst du Symbole für die Beziehungen nutzen, z. B. Herz für Liebe, Blitz für Streit oder schlechte Beziehung. Auch die Art der Pfeile können Nähe bzw. Distanz ausdrücken.

➲ **Aufgabe 2**

Verbinde die Figuren und beschrifte die gesetzten Linien und Pfeile, indem du ihre Beziehung beurteilst und benennst.

SAM UND SEIN UMFELD

Kirstie

Cameron

Hightower

Sam

Stevie

Chuck Bannister

Entwicklung der Figuren

➲ Aufgabe

Das Verhältnis von Sam Turner verändert sich zu zwei Figuren in besonderem Maße: zu seinem Vater und zu Kirstie. Das liegt daran, dass sich diese Figuren im Laufe der Handlung unterschiedlich verhalten oder auch dauerhaft verändern.
Inwiefern sind der Vater/Kirstie für Sam positiv bzw negativ in ihrem Verhalten?

zuerst negativ für Sam

später positiv für Sam

hin und wieder negativ für Sam

hin und wieder positiv für Sam

Die Hauptfigur Samuel Turner

> *Samuel Turner macht in diesem einen Sommer eine enorme Entwicklung durch. Seine Unsicherheiten, Ängste, Freuden und Wünsche haben sich verändert, da er an Selbstbewusstsein gewonnen hat und auch in ein Gleichgewicht gekommen ist.*

Aufgabe 1

Arbeite mit dem Text und halte zu den vier Aspekten Stichpunkte fest, die das Verhalten und den Charakter von Sam am Anfang der Handlung beschreiben.

seine Unsicherheiten

seine Ängste

Sams emotionale Welt, als wir ihn kennenlernen

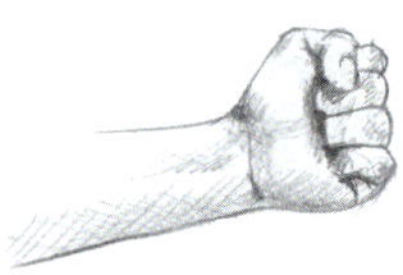

seine Freuden

seine Wünsche

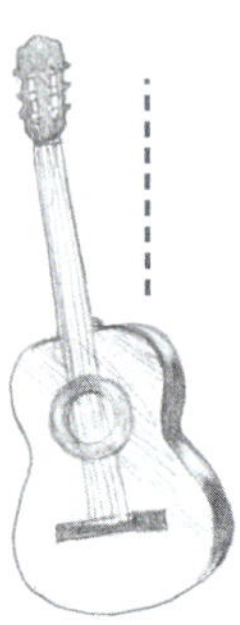

➲ Aufgabe 2

Halte nun Stichpunkte zu Samuels emotionaler Welt am Ende der Handlung fest.
Was hat sich verändert?

seine Freuden

seine Unsicherheiten

seine Wünsche

seine Ängste

Sams emotionale Welt nach einem Jahr

➲ Aufgabe 3

Sam Turner macht in einem einzigen Jahr eine enorme Entwicklung durch, vom Außenseiter bis zum selbstbewussten jungen Mann. Das liegt natürlich auch daran, dass er Erfahrungen gemacht hat, die einen Menschen reifen lassen, nämlich die Erkrankung und den Tod der Mutter sowie das erste Verliebtsein.
Sieh dir die Entwicklungskurve an, die auf den nächsten Seiten abgebildet ist, und trage anschließend die Punkte aus der Wörterbox an der jeweils passenden Stelle der Entwicklungskurve ein.

Entwicklungskurve Sam (zu Beginn der Handlung bis zum Tod der Mutter)

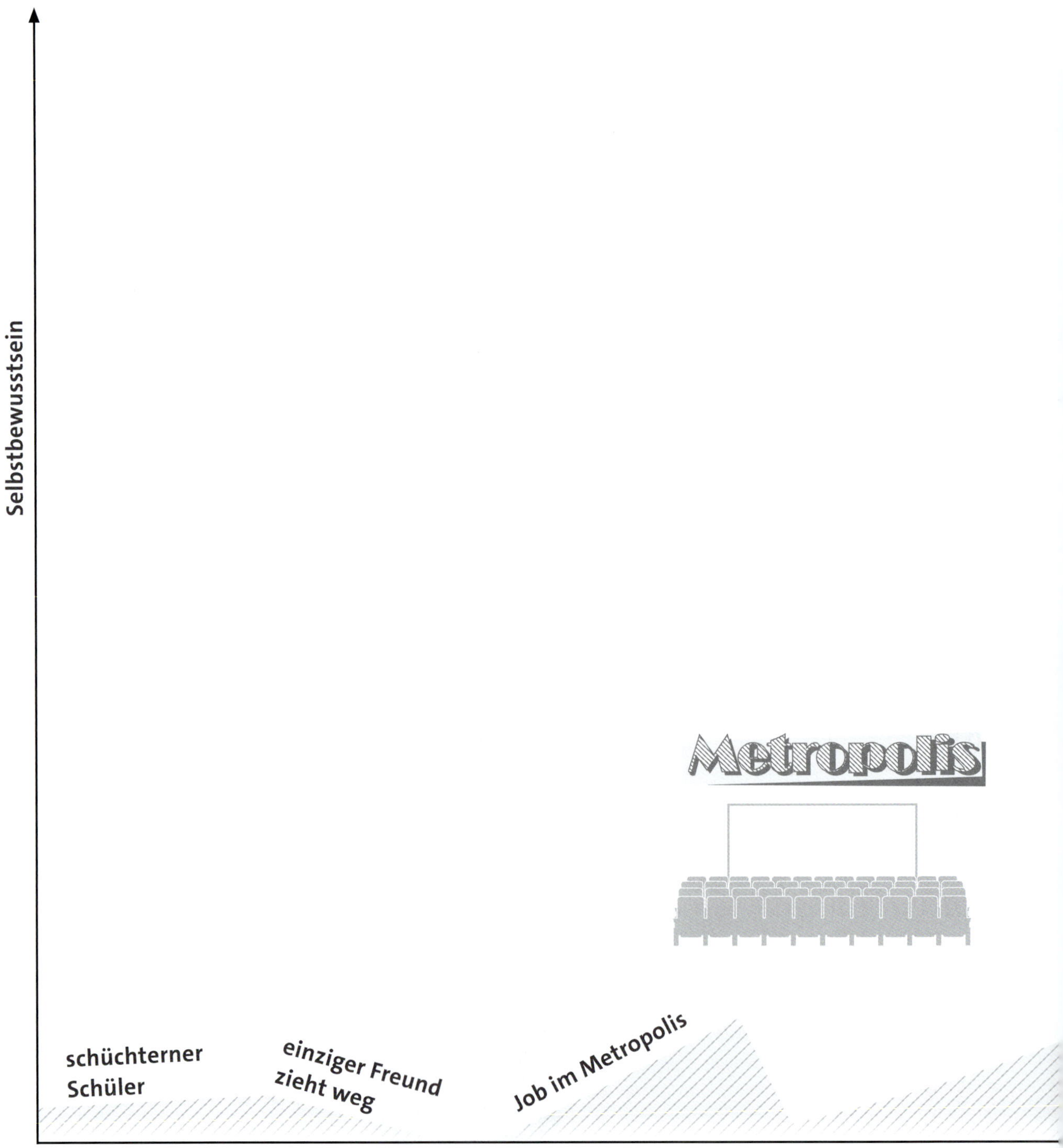

WÖRTERBOX

Festival – Tod der Mutter – verliebt in Kirstie – drei Mutproben, Geburtstag – Hightower lehrt ihn den Pick-up fahren – Konflikt mit Lehrern, letztes Treffen mit allen – Beerdigung – Rockgesang gegen alle Konventionen (Billy Idol) mit Jeans Orgelbegleitung – Gespräche mit dem Vater – Klippe, Gitarre – neue Freunde – Rückkehr ins Kino – Clique/ Freundeskreis – mit Kirstie in der Fabrikhalle – Kündigung, Flucht aus Kino – neuer Job im Larry's – Reife: erste sexuelle Erfahrung mit Kirstie – Gespräch mit der Mutter – Party – Planung der Beerdigung der Mutter – Wehrhaftigkeit, Konflikt mit Chuck (schlägt das erste Mal zurück) – Streit mit dem Vater

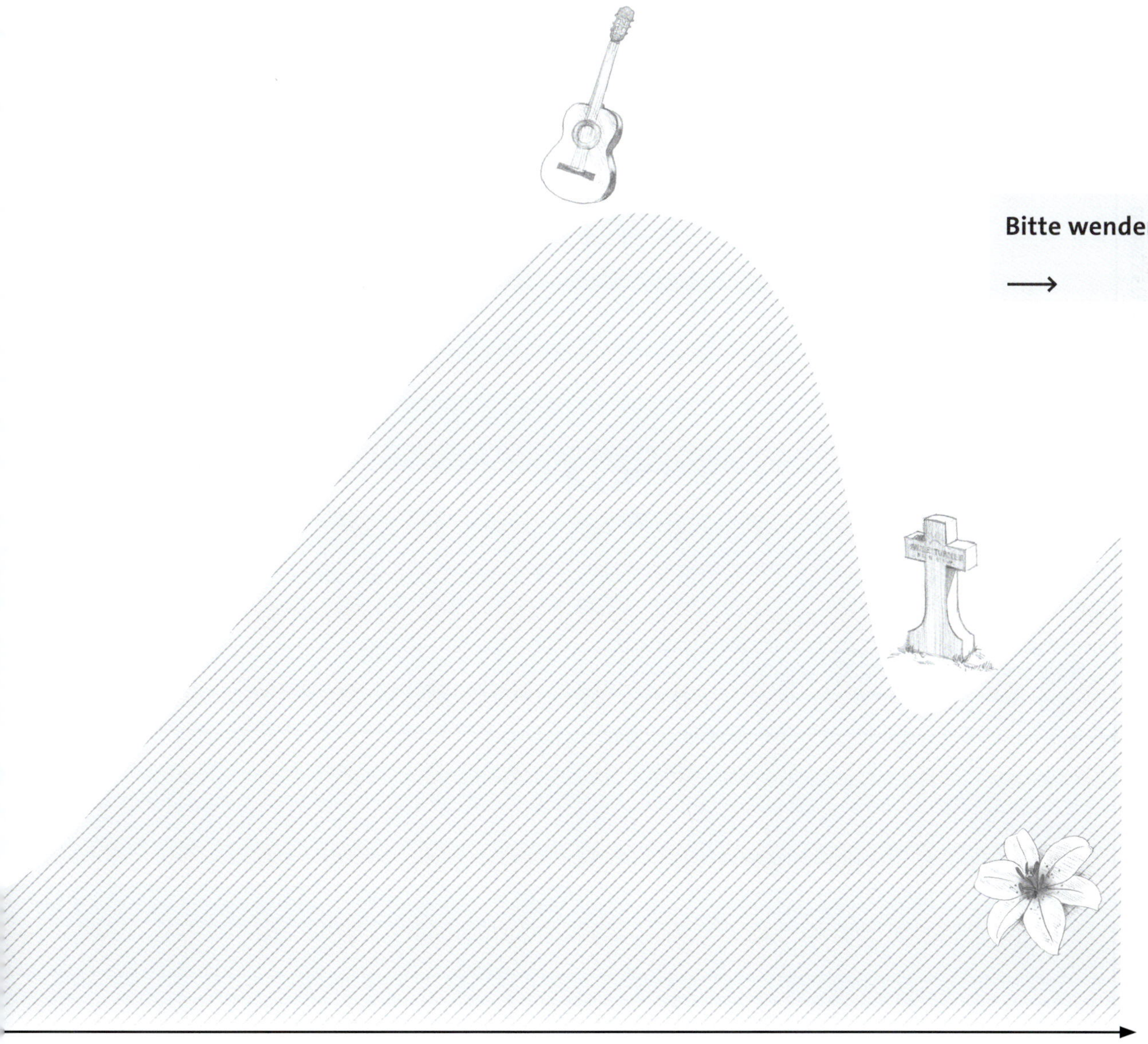

Bitte wenden! ⟶

Entwicklungskurve Sam (von der Beerdigung der Mutter bis zum Ende des Romans)

Verlauf der Handlung

IV. ÜBERGREIFENDE SCHREIBAUFGABEN

Du hast bereits Schreibaufgaben während der Inhaltserschließung kennengelernt. Diese haben sich auf einen bestimmten Handlungsabschnitt konzentriert und auf eine konkrete Situation bzw. ein konkretes Ereignis bezogen. Ausgehend von der vollständigen Textkenntnis ist es dir nun möglich, übergreifende gestaltende Schreibaufgaben anzugehen, indem du dein Wissen sowie deine Fähigkeit, Handlung und Figuren zu deuten, nutzt.

Für deinen Schreibplan, den du vor der Ausformulierung des Textes anfertigen solltest, könntest du z. B. einen Stichwortzettel oder eine Mindmap anfertigen. Auch Fragen zu den Figuren und ihren Beziehungen können weiterhelfen. Schließlich brauchst du eine gewisse Struktur, um planvoll vorgehen zu können!

Tipp: *Die folgenden Textstellen, die sich auf die Personen beziehen, die zu Sams engstem Kreis gehören, sollen dir helfen, wichtige Situationen und Ereignisse in Erinnerung zu rufen. Nutze sie, um deinen Schreibplan zu verfassen. Vergiss deine Steckbriefe nicht, die ebenfalls nützlich sein können.*

VATER

Nummer **4** (S. 36 ff.) – **15** (S. 120) – **20** – **28** – **30** (S. 213 ff.) – **32** (S. 228 ff.) – **34** (S. 243) – **40** (S. 278 ff.) – **44** (S. 302 ff.) – **49** (S. 327 ff.)

MUTTER

Nummer **9** – **11** – **12** – **18** – **20** – **28** – **29**

KIRSTIE

Nummer **3** – **5** – **6** (S. 51 ff.) – **11** (S. 93 ff.) – **13** – **15** (S. 121 ff.) – **16** – **19** – **23** – **24** – **27** – **31** (S. 222 ff.) **45** (S. 311 ff.) – **47** – **48** – **49** (S. 329 ff.)

➲ Aufgabe 1: Gestaltendes Schreiben – Brief des Vaters, Joseph Turner, an seinen Sohn Sam

Der Vater will seinem Sohn endlich erzählen, was er als Jugendlicher erlebt hat, wie er sich heute fühlt und weshalb er Sam so lange ignoriert und wenig beachtet hat. Da die Beziehung zwischen den beiden nach dem Tod der Mutter offener und ehrlicher ist, möchte er nun all das schreiben, was noch unausgesprochen zwischen ihnen steht.

Grady, den 10. September 1986

Lieber Sam,

im vergangenen Jahr ist so viel passiert, auch mit uns beiden. Ich weiß, dass ich nicht immer die richtigen Worte finde, deshalb schreibe ich dir diesen Brief.

...

➲ Aufgabe 2: Gestaltendes Schreiben – innerer Monolog von Kirstie

Kirstie bietet Sam in schwierigen oder traurigen Situationen viel Nähe und Geborgenheit, sorgt aber auch immer wieder für Distanz zwischen sich und Sam. Wie erinnert sie sich an die Erlebnisse mit Sam, was hat sie gedacht und gefühlt? Was empfindet sie nach der Bootsfahrt mit ihm, was bedeutet diese für Kirstie?

Ach Sam, ich wünschte, du wärst ein paar Jahre älter, dann wäre unsere Beziehung nicht so kompliziert – einfach zusammensein und zusammen bleiben – wäre geil. Du bist schon ein Süßer ... aber ist eben nicht so ... nicht fest.

...

➲ Aufgabe 3: Interpretierendes Schreiben

„Ich sah Dad vor mir: brütend, mich anstarrend, ein ewiges Rätsel. [...] »Er sagte wirklich kein einziges Wort.«" (S. 158, Z. 22 – S. 160, Z. 19)

Analysiere und interpretiere die vorliegende Textstelle inhaltlich wie sprachlich.
Stelle unter Berücksichtigung dieses offenen Gesprächs dessen Bedeutung für Sam dar.

➲ Aufgabe 4: Charakterisierung einer Figur – Annie Turner, Mutter von Samuel Turner

Schreibe eine Charakterisierung zu Annie Turner, der Mutter von Sam. Achte darauf, dass du von ihrem Verhalten Charakterzüge ableiten kannst, um sie zu beschreiben.

Tipp: *Informationen zum Interpretierenden Schreiben und zur Charakterisierung einer Figur findest du im Onlinebereich.*

V. ROMANSTRUKTUR

➲ Aufgabe 1

Um eine Beschreibung der Struktur des Romans zu erhalten, ergänze die Lücken sinnvoll.

Der Roman *Hard Land* ist untergliedert in .... Buchabschnitte. Die Kapitel, ... an der Zahl, werden .... genannt. Diese Einteilung soll die Lesenden an die .... erinnern, die in sehr verschlüsselter Form während der gesamten Handlung immer wieder Erwähnung finden. Letztlich erfährt man ...., um welche .... es sich tatsächlich handelt. Es wird vermittelt, dass quasi .... seine .... kleinen Geheimnisse hat. Das ist auch die .... an die Leserschaft.

Höhe- und Wendepunkte innerhalb der Romanhandlung kann man gut von der Entwicklungskurve der Hauptfigur, Samuel Turner, ablesen. Eigentlich sind .... Höhepunkte an der Zahl auszumachen, die zugleich aber auch .... im Leben von Sam sind: .... ist die größte Mutprobe; mit seiner Schwester .... gegen den Willen des Pfarrers und überwindet seine Angst, vor großem Publikum aufzutreten. Schließlich wird er in die .... eingeführt. Diese Höhepunkte machen auch den .... der Handlung aus.

Die Bootsfahrt am Ende der Handlung weist auf ein .... Ende hin, da nicht klar wird, ob Sam und Kirstie .... bleiben oder nicht. Neben den Höhepunkten wird Spannung während der Lektüre des Romans dadurch erzeugt, dass .... von dem personalen Ich-Erzähler gemacht werden. .... treten vor allem hinsichtlich der .... an die Kindheit mit Sams Schwester Jean auf oder dienen dazu, ... glaubhaft zu machen und zu erläutern.

WÖRTERBOX

49 Geheimnisse von Grady – 49 – Rückblenden – Nummer – nicht – rockt er die Kirche – jeder – Geheimnisse – eigenen – Botschaft – drei – Wendepunkte – Erinnerungen – zusammen – Der Sprung von der Klippe – Emotionen – fünf – körperliche Liebe – offenes – Spannungsbogen – Vorausdeutungen

➲ Aufgabe 2

a) Schreibe Textstellen heraus, die eine **Vorausdeutung** oder **Rückblende** sind.

Seite 11

Seite 65

Seite 68

Seite 85

Seite 90 f.

Seite 105

Seite 247 f.

b) Welche Themen werden hauptsächlich in den Vorausdeutungen bzw. Rückblicken berücksichtigt? Was bewirken sie bei dir? Was sollen sie bewirken? Antworte in ganzen Sätzen.

c) Erkläre in vollständigen Sätzen, wie die Begriffe ***Vorausdeutung – Spannungsbogen – Pageturner*** zusammenhängen. Warum ist es wichtig für den Erzähler, immer wieder Vorausdeutungen in seine Erzählung einzustreuen?

VI. TECHNIKEN DES ERZÄHLENS

Aufgabe 1

Lies die Informationen und markiere wichtige Schlüsselbegriffe mit einem Textmarker.

ERZÄHLSTRUKTUR

Erzählformen

→ **Er-/Sie-Erzähler/-in:** Der Erzähler/die Erzählerin berichtet über die Figuren und bleibt selbst im Hintergrund. Die Figuren werden mit ihren Namen benannt oder einem entsprechenden Personalpronomen (persönliche Fürwörter) in der 3. Person Singular.

→ **Ich-Erzähler:** Der Erzähler bringt sich selbst ins Geschehen ein, spricht auch von sich selbst und verwendet dazu das Personalpronomen der 1. Person Singular. Häufig handelt es sich um eine der Hauptfiguren.

Erzählverhalten

Es gibt drei Varianten des Erzählverhaltens, die alle in einem Text Anwendung finden können.

→ **auktorialer Erzähler:** Der auktoriale Erzähler ist allwissend, das heißt, er kennt die Gedanken und Gefühle aller handelnden Figuren sowie die Vergangenheit und die Zukunft. Er kommentiert das Geschehen und das Verhalten der handelnden Figuren.

→ **personaler Erzähler:** Dieser Erzähler ist nicht allwissend, er kennt nur die Gedanken und Gefühle seiner Perspektivfigur und betrachtet das Geschehen sozusagen durch ihre Augen. Die Figur, in die der Erzähler schlüpft, kann im Laufe der Handlung auch (mehrfach) wechseln. Zudem kann er natürlich das Verhalten anderer Figuren wiedergeben, nicht aber ihre Gefühle und Gedanken.

→ **neutraler Erzähler:** Der neutrale Erzähler betrachtet und beschreibt das Geschehen als unbeteiligter Beobachter, sozusagen aus der Distanz. Er beschränkt sich objektiv und sachlich auf die Handlung, die er von außen wahrnehmen kann. Die Gefühle und Gedanken der Figuren kennt er nicht.

Achtung: *In einem Prosatext ist der Autor niemals der Erzähler – nicht verwechseln!*

Aufgabe 2

Beantworte folgende Fragen.

a) Um welchen Erzähler handelt es sich? Erkläre, an was du das erkennst.

____

____

____

____

b) Gibt es Vorteile für den Leser hinsichtlich dieses Erzählverhaltens? Erläutere.

____

____

____

➲ Aufgabe 3

Ergänze die Lücken sinnvoll, so dass du einen Merktext mit den wichtigsten Informationen zur Erzähltheorie hast und die entsprechenden Begriffe anwenden kannst.

Betrachtet man die Erzählzeit und die erzählte Zeit, so ist die **Erzählzeit** natürlich abhängig von eurem Lesetempo – und das ist individuell. Also hier geht es darum, wie viel Zeit ihr für die Lektüre des Romans braucht.

Die .... ist der Zeitraum, von dem erzählt wird, also die Zeitspanne der Handlung. Dieser Zeitraum beträgt im Roman *Hard Land* .... , nämlich von .... bis zu ....

Zeitraffung liegt vor, wenn die .... kürzer ist als die .... Das ist meistens der Fall, da ein zeitdeckendes Erzählen viel zu lange dauern würde und damit auch die Freude am Lesen verloren ginge. Bei inneren Monologen bzw. der Wiedergabe von Gefühlen und auch Beschreibungen wird die Zeit manchmal gedehnt, um ausführlich und eindringlich zu schildern. Deshalb nennt man dieses Phänomen ....

Decken sich erzählte Zeit und Erzählzeit, sprechen wir von .... Dieses Phänomen ist hauptsächlich bei .... festzustellen. Wenn Figuren miteinander sprechen, ist das meistens eins zu eins in der Zeit.

Die vorliegende Romanhandlung ist vorwiegend chronologisch erzählt, das heißt: Ein Ereignis folgt .... auf das nächste; es wird also linear erzählt, ohne Zeitsprünge. Aber der Erzähler nutzt auch Vorausdeutungen oder Rückblicke, um .... in den Erzählaufbau zu bringen oder um .... zu transportieren, die mit diesen Erzählverfahren der Analepse (Rückwendung bzw. Flashback) oder der Prolepse (Vorwegnahme) eindrücklicher vermittelt werden können und damit besser nachvollziehbar sind.

VII. SPRACHE UND STIL

So wie in Hard Land *Metaphern und Allegorien selbst zum Thema gemacht werden – schließlich geht es um die Entschlüsselung des gleichnamigen Gedichtbandes von Morris, dem einzigen Autor aus Grady –, findet der Leser auch etliche Vergleiche, Metaphern, Bilder und weitere rhetorische Figuren, die die Poesie der Sprache ausmachen und sie ausdrucksstärker machen.*

Tipp: *Im Onlinebereich findest du zum Nachschlagen eine Tabelle mit einer Auswahl an wichtigen sprachlichen Mitteln mitsamt Erklärungen und ihren Funktionen/Wirkungen.*

Aufgabe

a) Unterstreiche und bestimme die sprachlichen Mittel in den Sätzen.

„Es war wie ein dunkles Summen in meinem Kopf." (S. 14, Z. 26 f.)

„Weil, was sollte man da auch antworten." (S. 22, Z. 5 f.)

„Denn der Tod saß die ganze Zeit bei uns am Küchentisch […]." (S. 35, Z. 20 f.)

„Drei, zwei, eins ... Drei, zwei, eins ... *Jetzt*!" (S. 55, Z. 24–26)

„*Euphancholie*" (S. 99, Z. 7)

„Auf dem Rückweg legte sich eine nicht unangenehme Melancholie über uns." (S. 118, Z. 16 f.)

„Doch genau das tat er [der Vater], und in diesem Meer aus Schweigen trieb ich wie ein Stück Holz." (S. 207, Z. 17 f.)

---

b) Warum nutzen Schriftsteller bewusst oder unbewusst solche Stilmittel, insbesondere die unten stehenden? Was bewirkt der Erzähler beim Leser dadurch? Antworte in ganzen Sätzen.

c) Erkläre die beiden folgenden Zitate und ihre symbolische Bedeutung.

„Meine Erinnerung an diese Tage gleicht einem verbrannten Blatt Papier, von dem nur einige verkohlte Fetzen übriggeblieben sind." (S. 207, Z. 1–3)

„Sie war tot, und jeder Gedanke an sie war wie in ein leergeräumtes Zimmer zu kommen, bei dem man nicht mehr wusste, wo man sich hinsetzen sollte." (S. 218, Z. 30 bis S. 219, Z. 2)

VIII. INTERPRETATIONSASPEKTE

Freundschaft

Freundschaft ist ein Thema, das Sam wichtig ist. Es hilft ihm sehr bei seiner Entwicklung und Identitätsfindung.

Aufgabe 1

Erstellt in Gruppen ein Plakat (DIN A3) zum Thema Freundschaft. Haltet hierfür die Begriffe, die euch dazu einfallen, in einer Mindmap fest. Sucht anschließend in einem Wörterbuch oder online weitere passende Wörter.

Aufgabe 2

Suche eine Definition von Freundschaft aus einem Wörterbuch (Wahrig, Brockhaus, Mayer, Fischer). Halte diese in Stichpunkten fest.

➲ Aufgabe 3

Die folgenden Zitate berühmter Persönlichkeiten beschäftigen sich mit dem Thema *Freundschaft*.

a) Suche dir eines heraus und belege es mit einer allgemeinen Situation, einem Beispiel aus deinem Leben bzw. deinem Alltag.

b) Sucht anschließend Situationen aus der Romanhandlung, die den Zitaten entsprechen bzw. sie belegen.

Freundschaft, das ist *eine* Seele in *zwei* Körpern.
Aristoteles

Ein Freund ist ein Mensch, vor dem man laut denken kann.
Ralph W. Emerson

Freundschaft ist eine Tür zwischen zwei Menschen. Sie kann manchmal knarren, sie kann klemmen, aber sie ist nie verschlossen.
Balthasar Gracián y Morales

Man kommt in der Freundschaft nicht weit, wenn man nicht bereit ist, kleine Fehler zu verzeihen.
Jean de La Bruyère

Im Grunde sind es doch die Verbindungen mit Menschen, die dem Leben seinen Sinn geben.
Wilhelm von Humboldt

Kein Weg ist lang, mit einem Freund an der Seite.
Japanische Weisheit

Die Freundschaft gehört zum Notwendigsten in unserem Leben. In Armut und im Unglück sind Freunde die einzige Zuflucht. Doch die Freundschaft ist nicht nur notwendig, sondern auch schön!
Aristoteles

Freundschaft, das ist wie Heimat.
Kurt Tucholsky

Wahre Freundschaft ist eine sehr langsam wachsende Pflanze.
George Washington

Wirklich gute Freunde sind Menschen, die uns ganz genau kennen, und trotzdem zu uns halten.
Maria von Ebner-Eschenbach

Die Menschen, die es wert sind, sie zu mögen, sind nicht die, die einem sagen, was man zu tun hat, sondern jene, die einem zeigen, was man tun kann, und einem auch die Chance geben, es zu tun.
Anonym

Tod und Trauer

Der Tod kann uns immer ereilen. Oft unvorbereitet müssen wir uns plötzlich mit Unfall, Krankheit oder Todesfall auseinandersetzen. Samuel Turner trifft es auch unvorbereitet: Er hat eine krebskranke Mutter, deren Leidensweg er miterleben muss – bis zu ihrem Tod.

➲ **Aufgabe**

a) Was macht Sam und welche Gefühle sind damit verbunden – vor dem Tod der Mutter, als er seinen Geburtstag feiert? Und was empfindet er, nachdem er erfahren hat, dass seine Mutter verstorben ist? Notiere Stichpunkte.

vor dem Tod der Mutter	nach dem Tod der Mutter

b) Betrachte die beiden Schaubilder zur Trauer- und Krisenbewältigung.

Die Trauerschleife – eine Krisenspirale (nach Schley 1988)

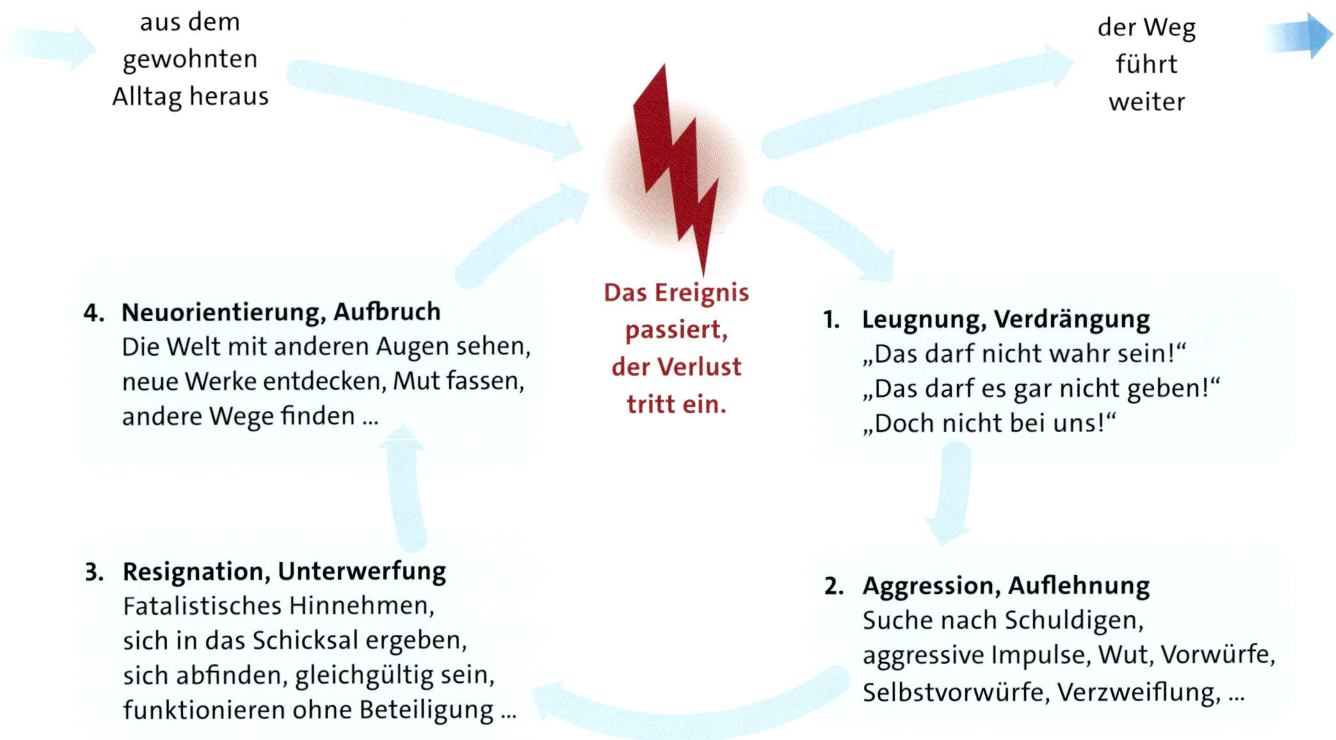

Informationen entnommen aus: Roland Storath/Arthur Englbrecht, *Krisensituationen, Gewalt und Tod in der Schule*, in: SchulVerwaltung spezial Nr. 1/2004, Verlag Vahlen München, Seite 5.

Trauerspirale von Erika Schuchardt

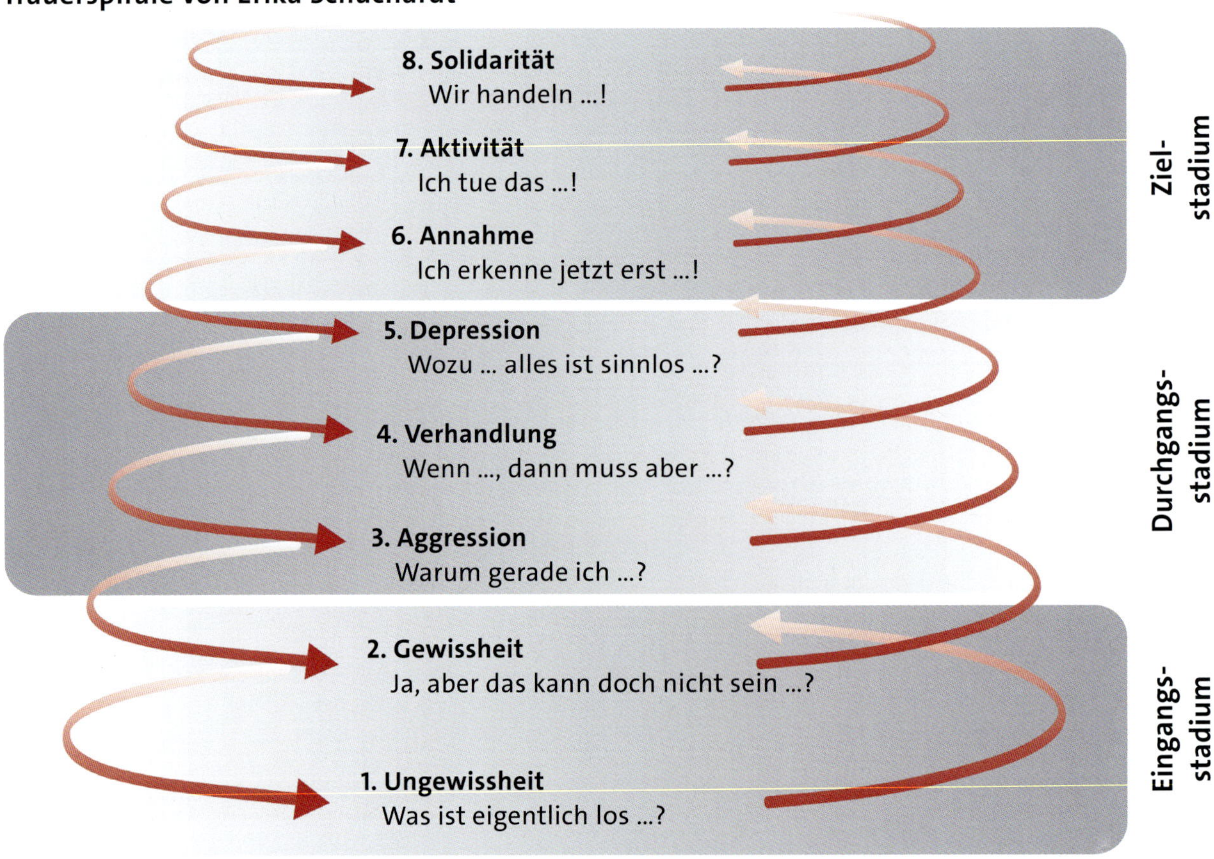

Informationen entnommen aus: Erika Schuchardt, *Warum gerade ich? Leben lernen in Krisen*, Vandenhoeck & Ruprecht, 2018 (14. Auflage).

c) Nachdem du die wesentlichen Aspekte aus den Schaubildern wahrgenommen hast, ist es dir nun möglich aufzuschreiben, welche Schritte Samuel Turner in seiner Trauerbewältigung geht. Belege die einzelnen Phasen der Trauer von Sam mit den entsprechenden Situationen, seinem Verhalten und seinen Aktivitäten.

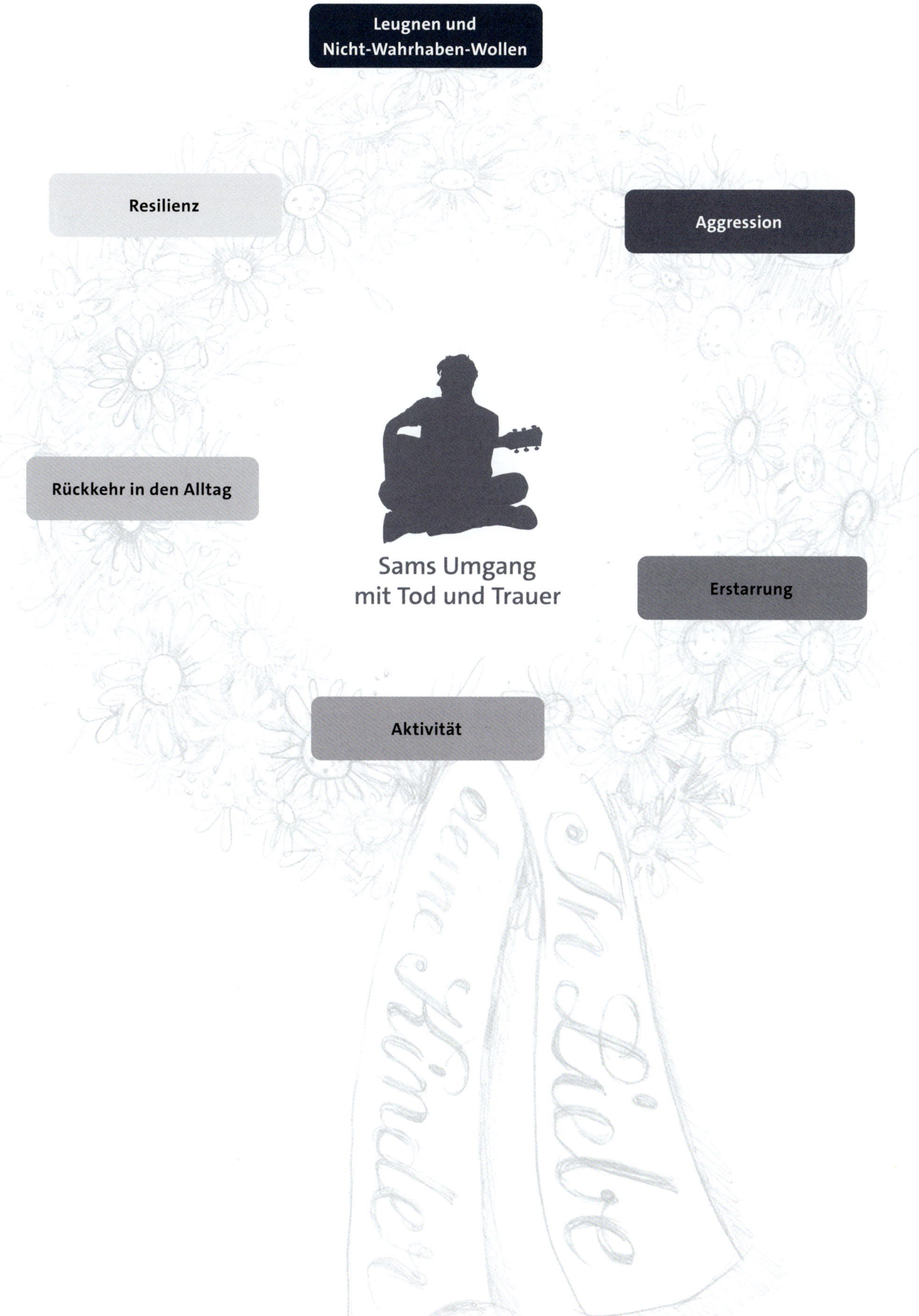

Selbstbewusstsein und Identität von Jugendlichen

Psychische Probleme und ihre Auswirkungen bei Sam

Zu Beginn der Romanhandlung beschreibt der Ich-Erzähler seine Ängste, plötzliche Wutanfälle und Zwangshandlungen. Er fühlt sich ausgeschlossen und einsam. Er zieht sich zurück, bleibt häufig zu Hause, trifft keine Freunde. Sein einziger guter Freund, Stevie, ist weggezogen und hat den Kontakt zu Sam abgebrochen.

In bestimmten Situationen zählt Sam die ersten 30 Stellen der Zahl π hinter dem Komma:

3,141592653589793238462643383279

➲ Aufgabe 1

Beantworte folgende Fragen anhand des ersten Buchabschnittes *Die Wellen* stichpunktartig.

a) In welchen Situationen fängt Sam Turner an, die 30 Stellen hinter dem Komma der Zahl π aufzusagen?

b) Gibt es weitere Angewohnheiten bzw. Marotten, die Sam einsetzt, um etwas Konkretes zu erreichen oder zu bewirken?

Selbstbewusstsein – eine überlebenswichtige Eigenschaft

➲ Aufgabe 2

a) Recherchiere im Internet zum Thema Selbstbewusstsein und dessen Bedeutung für junge Menschen. Nutze dafür die folgenden Suchtipps. Trage deine Suchergebnisse in Stichpunkten um die Figur ein.

SUCHTIPPS

https://medlexi.de/Selbstbewusstsein
https://www.flowfinder.de/selbstbewusstsein-staerken/
https://www.selbstbewusstsein-staerken.net/was-ist-selbstbewusstsein/
https://gedankenwelt.de/das-selbstwertgefuehl-von-jugendlichen-staerken-eine-herausforderung-fuer-eltern/
https://www.planet-wissen.de/gesellschaft/psychologie/pubertaet_das_leben_ist_eine_baustelle/pwieerziehungstipps100.html
https://www.planet-wissen.de/natur/forschung/hirnforschung/pwiewasistdasich100.html
https://www.lernen.net/artikel/selbstbewusstsein-staerken-tipps-uebungen-selbstsicherheit-998/
https://www.deutschlandfunk.de/endlich-mal-erklaert-wer-altert-im-coming-of-age-roman.691.de.html?dram:article_id=477891

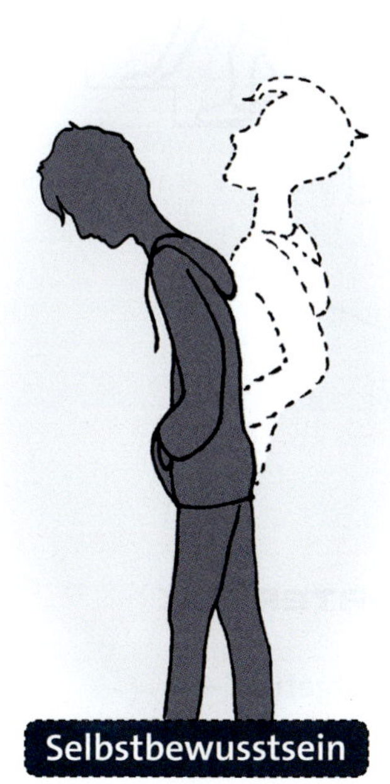

b) Was macht deiner Meinung nach Selbstbewusstsein aus?
Wie kann man es stärken?
Tauscht euch in Vierergruppen mittels der Placemat-Methode aus (fünf Schreibbereiche).

Eine Erklärung zur Methode findet ihr im Onlinebereich.

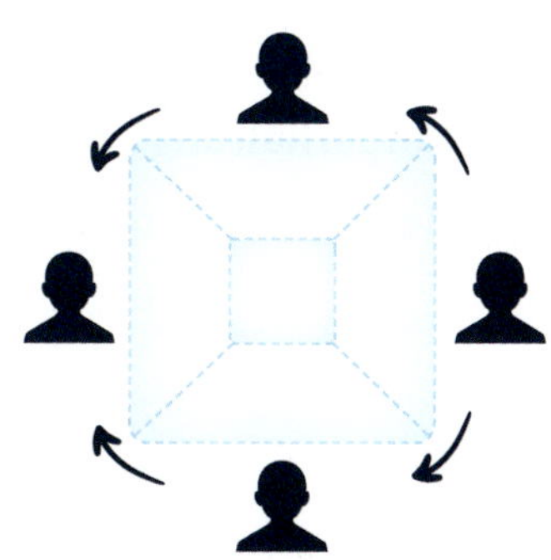

c) Trage die Stichpunkte, die Sam vor und nach seiner einjährigen Entwicklung prägen, in die Kästchen ein: vom mangelnden Selbstbewusstsein über die Entwicklung (Mitte) zu einem starken Selbstbewusstsein. Nutze dafür die Begriffe aus der Wörterbox.
Wenn du selbst weitere Aspekte als sehr wichtig erachtest, darfst du sie selbstverständlich in das untere Kästchen des ausgeprägten Selbstbewusstseins einfügen (siehe Placemat von Aufgabe b).

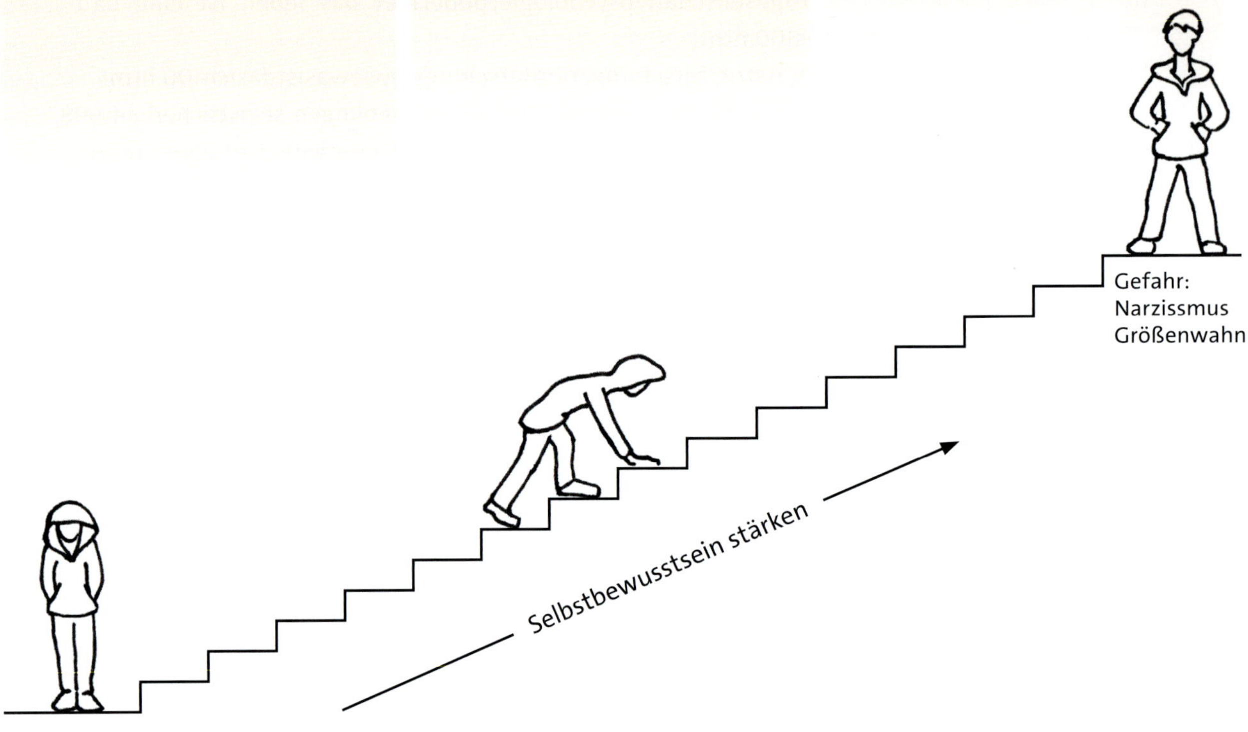

WÖRTERBOX

Verständnis – Sport – Selbstwertgefühl – Einsamkeit – positives Denken – Traumata – Misserfolge – Erfahrungen – Pessimismus – Erfolg haben – Ablehnung – Selbstvertrauen – Körperhaltung – Mobbing – Achtsamkeit – Meditation – Kommunikation – Stolz – Mut

IX. AUTOR, TEXT UND KRITIK

Aufgabe 1

a) Benedict Wells hat sehr früh mit dem Schreiben begonnen – und das bis heute sehr erfolgreich! Besucht zu zweit die offizielle Homepage des Autors und haltet interessante Informationen über sein Leben und sein Schreiben als Schaubild oder Mindmap fest.

https://benedictwells.de/

b) Sammelt anschließend Fragen, die ihr Benedict Wells stellen möchtet.

➲ Aufgabe 2

a) Lies das Interview mit Benedict Wells im Onlinebereich oder höre es dir an, um die Fragen zu beantworten. Scanne den QR-Code, um direkt zum Interview zu gelangen.

b) Führe die Sätze fort und halte in eigenen Worten fest, was du dem Interview entnommen hast.

© Roger Eberhard

Benedict Wells' Kindheit …

Seine Schulzeit …

Während des Studiums …

Sein Start als Autor …

Schreiben …

c) Erinnerst du dich hinsichtlich des Interviews mit Benedict Wells an die folgenden Begriffe? In welchem Zusammenhang stehen sie?

Chaot **weiße Seiten** **Sehnsucht** **Rucksack** **Lücken**

d) Beende den Satz.

Am meisten hat mich beeindruckt …

➲ **Aufgabe 3**

a) Lies die Rezension von Wolfgang Tischer *Dancing with my Wells* und halte wichtige Kritikpunkte fest: positive wie negative.

Der Roman Hard Land:
Dancing with my Wells! (2021)
Wolfgang Tischer

Hard Land, der neue Roman von Benedict Wells, wirkt so, als habe ihn ein Schreibroboter verfasst. Selten wurde ein Buch so uninspiriert, so tot und so vorhersehbar ins Herz von Instagram geschrieben. Ein garantierter Bestseller.

Wie die Fliesenausstellung im Baumarkt

Dass in diesem Roman nichts lebe, nichts echt und alles nur geklaut sei, kann man eigentlich gar nicht behaupten. Doch beim Lesen hat man den Eindruck, jeden Satz schon einmal anderswo besser, origineller und das erste Mal gelesen zu haben.

Hard Land wirkt wie die Fliesenausstellung im gehobenen Baumarkt. Jeder Quadratmeter ein Muster für etwas größeres Ganzes und in seiner Gänze dennoch künstlich. Jeder Quadratmeter ausgelegt, um zu gefallen, um die Illusion zu erzeugen, dass man im eigenen wohlig gewärmten Bad stehe und Hits aus den 80ern trällert. Ein Roman wie Formatradio mit dem Besten aus den 80ern und dem Besten von heute. Ein Roman, von dem die Leser/-innen sagen werden, „er hat mich berührt". Exemplarisch für die Größe von *Hard Land* aber auch für die Einfallslosigkeit ist der erste Satz des Romans, der da lautet: „In diesem Sommer verliebte ich mich, und meine Mutter starb." [...]

Nicht geklaut, nur „mitgenommen".

Und: Tatsächlich ist der erste Satz geklaut – oder vielmehr „mitgenommen". Das gibt Benedict Wells im Nachwort zu. Der Satz ist im Original von Charles Simmons aus dem Roman *Salzwasser* von 1999.

„Im Sommer 1963 verliebte ich mich, und mein Vater ertrank."

„Ich hoffe, es wird mir verziehen", schreibt Wells. Aber natürlich. Das macht den Autor (Jahrgang 1984) doch umso sympathischer und nahbarer, wenn er indirekt zugibt, dass er kein Meister des ersten Satzes sei. Genauso wie der erste Satz ist der ganze Roman. Wir befinden uns in der amerikanischen Provinz, in der Kleinstadt Grady, wir sind in den 1980ern. Für Sam ist die Schulzeit bald vorbei, dann wird er und dann werden alle anderen in seinem Alter raus aus der muffig-verklemmten Enge in die weite Welt gehen. Alles wird anders werden nach diesem Sommer. Aber davor wird Sam sich verlieben und seine Mutter sterben.

Benedict Wells komponiert alles perfekt. Er lässt Sam einen Aushilfsjob im örtlichen Provinzkino annehmen, was dem Autor die Möglichkeit gibt, viele Filme der 80er und der Jahre davor zu referenzieren.

Sam lernt Gitarre, und nicht nur das eröffnet die Möglichkeit, viele Songs und Hits aus dieser Zeit zu referenzieren. Bei der Beerdigung seiner Mutter wird er schließlich zur Verwunderung aller vor dem Altar mit seiner Gitarre den Billy-Idol-Song „Dancing with myself" schreien. Welch ein Bild, welch eine Symbolkraft. Und irgendwie auch eine Referenz an Marty McFlys Gitarrenauftritt aus dem 80er-Film „Zurück in die Zukunft". Alles ist hier dicht gepackt. Was ist noch Referenz, was ist „mitgenommen"? Dancing with my Wells!

Alles in diesem Roman hat man an anderer Stelle schon einmal in einem anderen Buch gelesen, in einem anderen Film gesehen. Mitunter hat man den Eindruck, man liest mit *Hard Land* einen Roman, dessen Verfilmung man schon längst gesehen hat.

Konservativ und mit dem Besten von heute

Einen Roman in die 1980er zu verlegen, ist ebenfalls nicht originell. Einige aktuelle Werke junger Autor/innen wie z. B. Cloris gehen diesen Weg. Denn nur dort, in einer Zeit ohne Smartphone, Whats-App und Social Media, kann man Geschichten von Sehnsüchten und Veränderungen noch unbefangen erzählen. Man könnte auch „konservativ" sagen. Man muss es eigentlich ebenfalls nicht sagen, dass dieser Roman zur Gattung des *Coming-of-Age* gehört. Aber der Roman macht es. In *Hard Land* wird das Genre selbst erklärt. Er ist seine eigene Lektürehilfe, indem die Schüler im letzten Schuljahr einen Gedichtzyklus des einzigen bekannteren Schriftstellers aus Grady interpretieren müssen. Dieser Zyklus trägt ebenfalls den Titel *Hard Land,* was wieder einer der bemerkenswert gekonnten Kniffs von Benedict Wells ist.

In Bildern und Situationen, doch nie in der Sprache gleitet Wells in Kitsch ab. Und indem er auch schwarze, schwule und queere Charaktere auftreten lässt, mischt der Autor das Beste von heute in den Text. Die Zielgruppe wird es lieben, wird tief berührt aus der Technikschublade der Eltern den Walkman rauskramen und neben dem Buch fotografiert auf Instagram in eine weitere quadratische Fliesenform bringen. Nein, das Buch wurde nicht von einem Schreibroboter geschrieben, es scheint vielmehr so, als habe Benedict Wells mit *Hard Land* die Bestsellerformel entdeckt.

Quelle: https://www.literaturcafe.de/der-roman-hard-land-dancing-with-my-wells/ (02.07.2024)
Schreibweisen und Zeichensetzung angepasst.

b) Notiere deine eigenen Gedanken zum Roman in Stichworten.

Was gefällt mir besonders an der Romanhandlung?

____

____

____

____

Was finde ich unglaubwürdig oder übertrieben dargestellt?

____

____

____

____